다시 찾은 우리나라,
그런데 우리는 왜 함께 살 수 없게 되었을까요?

갈라진 우리나라
한국 전쟁

이현 글 | 장선환 그림

"조선 민족의 해방의 날은 왔습니다.
이제 우리 민족은 새 역사의 첫걸음을 내딛게 되었습니다!"

1945년 8월 16일, 휘문 중학교에서
여운형 선생의 목소리가 메아리쳤습니다.

해방의 기쁨이 온 거리에 넘쳐흘렀어요.
조선인은 만세를 부르고 또 불렀어요.

"대한 독립 만세! 만세! 만세!"

김구 선생이 이끄는 대한민국 임시 정부도
기쁜 마음으로 중국에서 돌아올 준비를 시작했어요.
건국 준비 위원회도 바삐 움직였어요.
일본이 항복하기 전부터
여운형 선생을 중심으로 해방의 날을 준비해 왔으니까요.

하지만 해방의 기쁨 뒤로
수상한 일이 벌어지고 있었습니다.

미국과 소련은 본래 사이가 나빴어요.
독일과 일본에 맞서 잠시 같은 편으로 싸웠다가
전쟁이 끝나자 도로 으르렁거리는 사이가 되었지요.
하필이면 우리 한반도를 사이에 두고서요.

"한반도를 우리 편으로 만들고 말겠어!"
"어림없는 소리! 한반도는 우리 편이지!"

미국과 소련은 결국 한반도를 반으로 쪼개어 버렸어요.

소련은 북쪽을, 미국은 남쪽을 자기편으로 만들겠다는 거였지요.

한반도는 우리도 모르는 사이에

38도선을 기준으로 두 동강 나고 말았습니다.

"일본군을 물리친 소련군을 환영합니다!"
"일본군을 무찌른 미군을 환영합니다!"

그래도 조선 사람들은 소련군과 미군을 환영했습니다.
일본을 무찔러 해방을 가져다주었으니, 그저 고맙기만 했지요.
남과 북이 갈라진 건 잠시뿐이라고 생각했어요.
소련군도, 미군도 곧 물러갈 거라고 생각한 거예요.

그런데 뜻밖의 소식이 들려왔어요.

"앞으로 5년간 미국과 소련이 한반도를 신탁 통치한다."

다른 나라가 조선을 다스린다는 뜻인 것 같았어요.
사람들은 크게 놀라 거리로 뛰쳐나왔어요.

"신탁 통치 반대한다!"

하지만 생각이 다른 사람들도 있었어요.
사실 신탁 통치란 새 나라를 세울 준비를 하는 동안만
다른 나라가 지켜봐 준다는 뜻이었거든요.
그 사실을 깨달은 사람들은 신탁 통치에 대해 생각을 바꾸었어요.

"신탁 통치 찬성한다! 신탁 통치 찬성한다!"

신탁 통치에 반대하는 사람들은 미국과 같은 자본주의 나라를 꿈꿨어요.
자본주의는 누구나 능력만큼 갖는 세상이지요.
신탁 통치에 찬성하는 사람들은 소련과 같은
사회주의 나라를 꿈꾸었어요.
사회주의는 모두 똑같이 나눠 가지는 세상이지요.

사람들은 두 패로 나뉘어 싸우기 시작했습니다.

"신탁 통치를 찬성하는 자들은
북쪽으로 가 버려! 소련으로 가 버려!"
"신탁 통치에 반대하는 자들은
미국으로 가 버려!"

미국은 사회주의를 원수처럼 싫어했어요.
자기 나라는 물론, 조선에서도 용납하지 않았어요.

"사회주의는 절대 안 돼!"

미군은 사회주의를 꿈꾸는 조선 사람들을 잡아들이려 했어요.
그래서 일본을 위해 경찰로 일하던 사람들을 불러 모았어요.
친일파들이 다시 경찰이 된 거였지요.

소련을 따르는 사람들은
북쪽을 사회주의 나라로 만들기 시작했어요.

"모두에게 똑같이 땅을 나누어 주겠다!"

가난한 농민들은 기뻐했지만, 땅을 가진 지주들은 달랐어요.
졸지에 땅을 빼앗기게 된 셈이니까요.
그동안 남보다 많이 누리고 살았던 일을 반성하라는 소리도 들었지요.
그리고 사회주의는 종교도 좋지 않게 생각했어요.
일본을 위해 일했던 사람들도 북쪽에서 살기 어려웠지요.
북쪽에서는 친일파를 엄히 다스렸거든요.

"안 되겠소! 남쪽으로 피합시다!"

사회주의에 반대하는 사람들은 남쪽으로 떠났습니다.

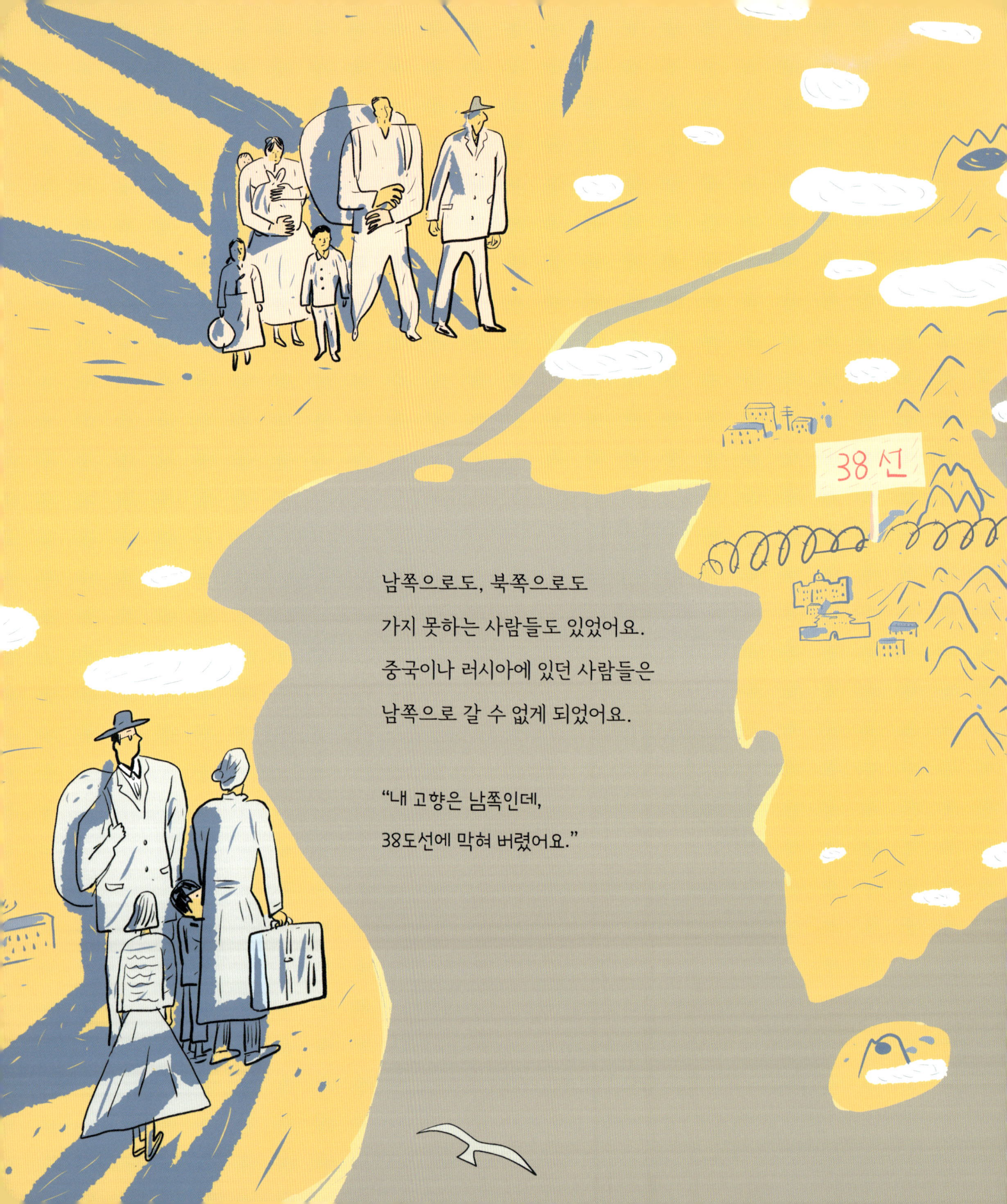

남쪽으로도, 북쪽으로도
가지 못하는 사람들도 있었어요.
중국이나 러시아에 있던 사람들은
남쪽으로 갈 수 없게 되었어요.

"내 고향은 남쪽인데,
38도선에 막혀 버렸어요."

일본에 있던 사람들도 돌아오기 어려운 처지였어요.

"조선으로 돌아가던 배가 바다에 가라앉았대요!"
"일본에서 번 돈을 다 두고 가야 한다는데요?"
"남쪽으로 가야 해요? 아니면 북쪽으로 가야 해요? 어디가 내 나라예요?"

해방의 기쁨도 잠시, 내 나라는 아직도 멀기만 했습니다.

한반도의 북쪽 끝에 있는 신의주에서는
사회주의에 반대하는 학생들이 시위를 벌였어요.

"소련은 물러가라! 김일성은 물러가라!"

그러자 경찰이 학생들에게 총을 쏘았어요.
자신의 생각을 외쳤다는 이유로 어린 학생들이 목숨을 잃었어요.

남쪽 끝에 있는 제주도에서도 시위가 일어났어요.

"미국은 물러가라! 이승만은 물러가라!"

미군과 경찰들은 북쪽 편이라는 누명을 씌워서
닥치는 대로 사람들을 가두고, 때리고,
심지어 목숨을 빼앗았어요.

죄 없는 제주 사람 수천 명이
억울하게 목숨을 잃었습니다.
여수에서도, 순천에서도, 대구에서도,
사회주의자라는 죄목으로 많은 사람들이
목숨을 잃거나 감옥에 갇혔어요.

갈라진 우리를 하나로 만들려고 애쓰는 사람들도 있었습니다.
여운형 선생은 사회주의를 꿈꾸는 사람이지만,
자신과 생각이 다른 사람들과 뜻을 모으려 애썼어요.
김구 선생은 자본주의를 꿈꾸는 사람이지만,
38도선을 넘어 김일성을 만나러 갔어요.

하지만 크나큰 비극이 찾아왔어요.
탕! 탕!
여운형 선생은 서울 혜화동에서
차를 타고 가다가
괴한의 총에 목숨을 잃었어요.
김구 선생도 자신의 서재에서
총에 맞아 세상을 떠나고 말았습니다.

결국 남북은 따로 선거를 치렀어요.
친일파와 손잡은 이승만이
대한민국의 첫 번째 대통령으로 뽑혔어요.

북쪽에서도 소련을 따르는 김일성이
조선 민주주의 인민 공화국의 첫 번째 수상으로 뽑혔어요.
남쪽과 북쪽은 서로 다른 나라가 되고 말았습니다.

쿠구구구궁!
1950년 6월 25일 새벽, 포탄 소리가 38도선을 뒤흔들었어요.
탱크를 앞세운 인민군이 남쪽으로 쳐들어왔어요.

"전쟁이다! 전쟁이 났다!"

한국군은 몹시 당황했어요.
마침 일요일이라 휴가를 받은 병사들도 많았고,
무기도 변변치 않았어요.
제대로 싸워 보지도 못하고 도망치기 바빴어요.
인민군은 자신만만하게 진격했어요.
단 사흘 만에 서울까지 달려왔습니다.

하지만 이승만 대통령은
아무 걱정 말라고 국민들에게 거짓말을 했어요.
그래 놓고 자신은 몇몇 부하들만 데리고 몰래 서울에서 도망쳤어요.
뒤늦게 상황을 깨달은 사람들이 남쪽으로 가려고 한강 대교로 밀려들었어요.
바로 그때였어요.
콰과광!
엄청난 폭음과 함께 한강 대교가 무너지고 말았어요.
수많은 사람이 한강에서 목숨을 잃었어요.
그건 북한 인민군의 짓이 아니었어요.

대통령 이승만이 시킨 일이었습니다.
인민군이 쫓아올까 봐 겁이 나서
국민들이야 죽건 말건
다리를 폭파했던 거예요.

한국군은 후퇴하기 바빴어요.
경기도를 지나 충청도로 경상북도로,
마침내 부산까지 물러났어요.
낙동강에 이르러서야
맞서 싸우기 시작했어요.

미국을 비롯한 여러 나라에서 온
연합군도 한국군을 도왔어요.
인민군도 순순히 물러서지 않았어요.
낙동강을 사이에 두고 남과 북의
수많은 젊은이들이 목숨을 잃었어요.

그런데 저 북쪽, 서울에서 가까운 인천 앞바다에서 힘찬 포성이 울렸어요. 미군이 바다를 통해 인천에 상륙했어요.

이제 인민군이 쫓기는 입장이 되었습니다.
한국군과 연합군은 북쪽으로 거침없이 달려갔어요.
38도선을 건너 원산을 지나 평양을 지나 두만강에 이르렀어요.
그런데 뜻밖의 소리가 차가운 벌판에 몰아쳤어요.
피리리리~ 피리리리~
중국의 새 나라 중화인민공화국의 중국군이 인민군을 도우러 왔어요.

한국군과 연합군은
남쪽으로 물러나는 수밖에 없었어요.

남과 북은 38도선 근처에서 엎치락뒤치락 싸우게 됐어요.
어제는 인민군이 이기면, 오늘은 한국군이 이겼어요.
중국군이 이기는가 하면 미군이 이겼어요.
같은 자리에서 전투가 반복되었어요.
소중한 목숨들이 헛되이 쓰러져 갔어요.

그렇게 여름이 가고 가을과 겨울, 다시 봄 여름 가을 겨울이 지났어요.
또 봄이 지나고 여름이 올 때까지 남과 북은 전쟁을 계속했어요.
100만 명의 사람들이 목숨을 잃었습니다.
그중 20만 명은 군인이고, 나머지 80만 명은 보통 사람들이었어요.
누군가의 아빠, 엄마, 아들, 딸, 할머니, 할아버지, 언니, 오빠, 누나, 동생,
그리고 아주 어린 아기도 있었어요.

3년이 지나서야 미국과 조선 민주주의 인민 공화국이 판문점에서 마주 앉았어요.
조선 민주주의 인민 공화국을 도왔던 중국군도 함께했어요.
대한민국은 전쟁의 모든 결정을 미국에게 맡겨 둔 처지였어요.
미국과 조선 민주주의 인민 공화국과 중국은 전쟁을 멈추기로 약속했어요.

1953년 7월 27일, 마침내 한반도에서 총소리가 그쳤습니다.

나의 첫 역사 여행

갈라진 우리

철원

북한의 개성특급시는 원래 38도선 남쪽에 있어 남한 땅이었어요.

강원도 철원은 38도선의 북쪽이라 북한 땅이었고요.

그런데 전쟁이 끝난 뒤 개성은 북한 땅이 되고,

철원은 남한 땅이 되었어요.

지금도 철원에는 인민군이 사용했던 조선 노동당사 건물이 남아 있어요.

철원군 관광문화 ▼ http://tour.cwg.go.kr/

철원 노동당사

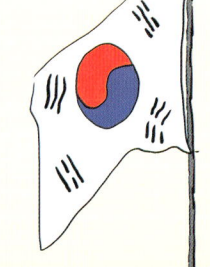

비무장 지대

휴전 협상이 끝난 뒤, 남북은 그때까지
차지하고 있던 자리를 군사 분계선으로 정했어요.
군사 분계선에서부터 남북으로
2킬로미터 거리에는 군대를 두지 않기로 약속했어요.
이렇게 다시 남북을 가르게 된 군사 분계선을
보통 '휴전선'이라고 하고,
남북이 비워 둔 그 땅을 '비무장 지대'라고 해요.
통일 전망대에 가면 비무장 지대를 볼 수 있어요.

강원도 고성에 있는
통일 전망 타워

고성 통일 전망대 ▼
http://www.tongiltour.co.kr/

비무장 지대

http://dialogue.unikorea.go.kr/

판문점

휴전 협상을 했던 판문점은 오늘날까지도 남과 북의
만남의 장소로 이용되고 있어요. 우리나라의
문재인 대통령과 북한의 김정은 국무 위원장도,
미국의 트럼프 대통령과 김정은 국무 위원장도
판문점에서 만났지요. 남과 북의 어린이가
만나는 날도 어서 왔으면 좋겠어요.

판문점

2018년 판문점에서 만난
문재인 대통령과 김정은 국무 위원장

나의 첫 역사 클릭!

몽실언니

전쟁은 어른과 어린이를 가리지 않았어요.
전쟁통에 부모를 잃고 고아가 된 어린이도 많았고,
집을 잃고 거리를 떠도는 가족들도 많았지요.
다치거나 목숨을 잃은 어린이도 많았고요.
《몽실언니》는 마음 따듯한 몽실이가 한국 전쟁을 겪어 낸 이야기예요.
작가 권정생 선생님은 일본 식민지 시절인 1937년에 도쿄에서 태어나
아홉 살 때 해방을 맞아 우리 땅으로 돌아왔어요.
하지만 곧 어린 나이에 한국 전쟁을 겪게 되었지요.

한국 전쟁으로 목숨을 잃거나 다친 사람들

전쟁통에 부모를 잃은 고아들

《몽실언니》를 지은 권정생 작가

권정생 동화나라

그렇게 어려서부터 힘든 일을 많이 겪었지만,
권정생 선생님은 누구보다 굳센 마음으로 살아갔어요.
전쟁의 아픔을 전하여 평화를 꿈꾸는 《몽실언니》를 썼고,
《몽실언니》의 인기로 큰돈을 벌었지만, 평생 검소하게 지내다
세상을 떠날 때는 북쪽의 굶주리는 어린이들에게 재산을 남겼습니다.

"제발 그만 싸우고, 그만 미워하고,
따뜻하게 통일이 되어 함께 살도록 해 주십시오."

그것이 권정생 선생님의 마지막 부탁이었습니다.
그 밖에도 동화 《곰이와 오푼돌이 아저씨》, 《잠들지 못하는 뼈》,
《노근리 그해 여름》도 한국 전쟁 속 어린이의 모습을 담고 있어요.
《엄마에게》라는 그림책도 있지요.

글 이현

세상 모든 것의 이야기가 궁금한 동화작가입니다. 우리나라 곳곳에 깃든 이야기를 찾아 어린이들의 첫 번째 역사책을 쓰고 있습니다. 그동안 《짜장면 불어요》, 《로봇의 별》, 《악당의 무게》, 《푸른 사자 와니니》, 《플레이 볼》, 《일곱 개의 화살》 그리고 《내가 하고 싶은 일, 작가》 등을 썼습니다. 제13회 전태일 문학상, 제10회 창비좋은어린이책 공모 대상, 제2회 창원아동문학상 등을 받았습니다.

그림 장선환

서울에서 태어나 경희대학교 미술교육학과와 동 대학원 회화과를 졸업했습니다. 화가이자 그림책 작가로 활동하며 대학에서 학생들을 가르쳤어요. 쓰고 그린 책으로 《네 등에 집 지어도 되니?》, 《아프리카 초콜릿》, 《안녕, 파크봇》, 《갯벌 전쟁》, 《내가 할 거야》 등이 있고, 그린 책으로는 《임진록》, 《최후의 늑대》, 《열두 살의 임진왜란》, 《강을 건너는 아이》, 《이야기 할머니의 모험》 등이 있습니다.

나의 첫 역사책 19 — 갈라진 우리나라 한국 전쟁

1판 1쇄 발행일 2020년 12월 25일 | 1판 5쇄 발행일 2022년 6월 24일
글 이현 | 그림 장선환 | 발행인 김학원 | 기획 이주은 박현혜 도아라 | 표지·본문 디자인 유주현 진예리
저자·독자 서비스 humanist@humanistbooks.com | 스캔 (주)로얄프로세스 | 용지 화인페이퍼 | 인쇄 삼조인쇄 | 제본 영신사
발행처 휴먼어린이 | 출판등록 제313-2006-000161호(2006년 7월 31일) | 주소 (03991) 서울시 마포구 동교로23길 76(연남동)
전화 02-335-4422 | 팩스 02-334-3527 | 홈페이지 www.humanistbooks.com

글 ⓒ 이현, 2020　그림 ⓒ 장선환, 2020
ISBN 978-89-6591-390-0　74910
ISBN 978-89-6591-332-0　74910(세트)

- 이 책은 저작권법에 따라 보호받는 저작물이므로 무단 전재와 무단 복제를 금합니다.
- 이 책의 전부 또는 일부를 이용하려면 반드시 저작권자와 휴먼어린이 출판사의 동의를 받아야 합니다.
- **사용연령 6세 이상**　종이에 베이거나 긁히지 않도록 조심하세요. 책 모서리가 날카로우니 던지거나 떨어뜨리지 마세요.